國家圖書館出版品預行編目資料

布列松 / 陳佩萱著;放藝術工作室繪. －－初版一
刷. －－臺北市: 三民, 2016
面; 公分－－(兒童文學叢書/創意MAKER)

ISBN 978–957–14–6165–6 （精裝）

1.卡提耶–布列松(Cartier–Bresson, Henri, 1908–
2004) 2.傳記 3.通俗作品 4.法國

781.08   105009684

© 布　列　松

著 作 人	陳佩萱
繪　 者	放藝術工作室
主　 編	張燕風
企劃編輯	郭心蘭
責任編輯	徐子茹
美術設計	黃顯喬
發 行 人	劉振強
著作財產權人	三民書局股份有限公司
發 行 所	三民書局股份有限公司
	地址　臺北市復興北路386號
	電話　(02)25006600
	郵撥帳號　0009998–5
門 市 部	(復北店)臺北市復興北路386號
	(重南店)臺北市重慶南路一段61號
出版日期	初版一刷　2016年7月
編　 號	S 858001

行政院新聞局登記證局版臺業字第○二○○號

有著作權·不准侵害

ISBN　978–957–14–6165–6　（精裝）

http://www.sanmin.com.tw　三民網路書店
※本書如有缺頁、破損或裝訂錯誤，請寄回本公司更換。

創意
MAKER

布列松 Henri Cartier-Bresson

抓住永恆的瞬間

陳佩萱／著　　放藝術工作室／繪

三民書局

主編的話　　　　　抬頭見雲

　　隨著「近代領航人物」系列廣獲好評，並獲得出版獎項的肯定，三民書局的出版團隊也更有信心繼續推出更多優良兒童讀物。

　　只是接下來該選什麼作為新系列的主題呢?我和編輯們一起熱議。大家思考間，偶然抬起頭，見到窗外正飄過朵朵白雲。

　　有人興奮的說:「快看!大畫家畢卡索一手拿調色盤，一手拿畫筆，正在彩繪奇妙的雲朵!」

　　是呀!再看那波浪一般的雲層上，建築大師高第還在搭建他的尖塔!

　　左上角，艾雪先生舞動著他的魔幻畫筆，捕捉宇宙的無限大，看見了嗎?

　　嘿!盛田昭夫在雲層中找到了他最喜愛的 CD，正把它放入他的隨身聽……

　　閃亮的原子小金剛在手塚治虫大筆一揮下，從雲霄中破衝而出!

　　在雲端，樂高積木堆砌的太空梭，想飛上月球。

　　麥克沃特兄弟正在測量哪一朵雲飄速最快，能夠成為金氏世界紀錄。

　　……

　　有了，新的叢書就鎖定在「創意人物」這個主題上吧!

　　大家同聲附和:「對，創意實在太重要了!我們應該要用淺顯的文字、豐富的圖畫，來為小讀者們說創意人物的故事。」

　　現代生活中，每天我們都會聽見、看見和接觸到「創意」這兩個字。但是，「創意」到底是什麼?有人說，「創意」就是好點子。但好點子是如何形成的?又是在什麼樣的環境助長下，才能將好點子付諸實現，推動人類不斷向前邁進?

　　編輯團隊為此挑選了二十個有啟發性的故事，希望解答上述的問題，並鼓勵小讀者們能像書中人物一般對事物有好奇心，懂得問「為什麼」，常常想「假如說」，努力試「怎麼做」。讓想像力充分發揮，讓好點子源源不絕。老師、家長和社會大眾也可以藉此叢書，思索、探討在什麼樣的養成教育和生長環境裡，才能有效的導引兒童走向創意之路?

　　雲屬於大自然，它千變萬化，自古便帶給人們無窮想像;雲屬於艾雪、盛田昭夫、高第、畢卡索……這些有突出想法的人，雲能不斷激發他們的創意;雲也屬於作者、插畫家和編輯團隊，在合作的過程中，大家都曾經共享它的啟發。

　　現在，雲也屬於本書的讀者。在看完這本書以後，若有任何想法或好點子願意與大家分享，歡迎寄到編輯部的信箱 sanmin6f@sanmin.com.tw。讀者的鼓勵與建議，永遠是編輯團隊持續努力、成長的最大動力。

張燕風　2015 年春寫於加州

作者的話

你是個喜歡用照片寫日記的人嗎？我是！

我是個喜歡拍照的人，喜歡為自己、為家人、為朋友、為學生、為鏡頭下每一個認識與不認識的人，留下美好的回憶。

因此，當編輯要我介紹攝影大師布列松給小讀者認識時，我是開心的。可是，在開心之餘又有些惶恐，因為我是在寫布列松時，才開始認識布列松的。

布列松是誰呢？在寫本書前我也和小讀者們一樣困惑。

在搜集了十萬字以上的資料，讀了十多本有關攝影師、攝影技巧的書和布列松的傳記，觀賞好幾百張布列松和其他攝影師的作品後，我才對布列松有些粗略的認識：知道他是 20 世紀偉大的攝影師之一，1908 年生於法國巴黎，全名是「亨利‧卡提耶─布列松」，享有「現代新聞攝影之父」的美譽，他提出的「決定性的瞬間」更成為紀實攝影的聖經……

每當看這些資料看到頭昏眼花時，我都恨不得化身為照相機，讓像鏡頭的眼睛，每一次眨眼，都能將映入眼簾的照片、文字，存放在如同底片的腦袋裡，以便寫作時方便找尋──這當然是不可能的事。因此，我只能一而再、再而三將這些資料一再翻閱。

在看了這麼多有關攝影技巧、攝影師的書籍與資料後，我忍不住想：「拍照是件簡單的事嗎？」

相信在這個照相機泛濫、連手機都有許多攝影功能的年代，許多人的答案都是──拍照是件再簡單不過的事！

但是，筆者認為拍照不是件簡單的事，因為按下快門雖然簡單，但要拍出雋永的好照片來，除了天時、地利、純熟的攝影技巧外，更需要攝影師獨具的慧心，而這都是要靠豐富的攝影經驗累積而來的。

因此，希望小讀者們在看完本書後，除了對布列松有一定的認識外，還要學習布列松的精神，讓自己早日從攝影界的 ABC 成為 HCB。

什麼！你不知道什麼是攝影界的 ABC 和 HCB？

別緊張！別煩惱！你只要跟著書中的顏妍、冉冉和大凱搭上底片魔毯，聆聽攝影小精靈摩門特的講解，沿著膠捲軌道在相機造型的「世紀之眼──布列松紀念館」展開奇妙的探訪之旅，必能收穫滿滿喔！

期待看完本書後，你能成為功力大增的小小攝影師，用相機抓住你生活中每個值得珍藏的瞬間。

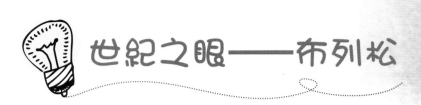

世紀之眼——布列松

　　顏妍、冉冉和大凱到「藝術樂園」玩。

　　他們用手機開心的在「米勒田園」拍照、在「畢卡索迷宮」留影，並將照片上傳到網路，和好友們分享。

　　當他們看到有個相機造型的建築物時，立刻好奇的跑過去，拍了許多照片上傳後，才仔細觀看這棟造型獨特的建築。

　　「相機的鏡頭是入口耶，好特別喔！」顏妍說。

個子嬌小的冉冉看到入口上方標示著「世紀之眼——布列松」，疑惑的問：「一世紀是一百年，被稱為『世紀之眼』的布列松是巨人嗎？要不然，他怎麼可以看整個世紀呢？」

大凱說：「我們進去看看，不就知道了嗎？」

「好啊！」

於是，他們三人便走入「鏡頭」，進入這部「大相機」的建築裡。

一走進「大相機」裡，他們還沒搞清楚狀

況，就見到掛在牆上的底片造型螢幕，浮現出他們剛走進來一臉好奇的照片。

顏妍詫異的問：「咦——這裡怎麼會有我們的照片？」

忽然，一陣喀嚓喀嚓聲響起，那螢幕又換上他們聽見按下快門聲後，臉上溢滿詫異無措的照片。

身形高壯的大凱雖然害怕，卻仍拿出勇氣，挺身護衛顏妍和冉冉，問：「是誰在偷拍我們？」

「是我！」

他們循聲望去，看到一個小巧可愛、魔法師裝扮的小男孩從底片造型的螢幕裡鑽了出來。

「你是誰?」顏妍問。

「我是攝影小精靈摩門特，歡迎你們的蒞臨。現在，就讓我來為你們介紹『世紀之眼——布列松』吧!」

拍照是件簡單的事？

鬆了一口氣的冉冉，搶著提出她的疑問：「布列松是巨人嗎？」

「不是。」攝影小精靈摩門特笑著回答說。

「那布列松是誰呀？」冉冉接著問。

摩門特詳細解釋說：「布列松是法國人，1908年生於巴黎附近的香特魯，全名是『亨利・卡提耶—布列松』。他是20世紀偉大的攝影師之一，出了好幾本攝影集，並享有『現代新聞攝影之父』的美譽，尤其他提出『決定性的瞬間』，更成為紀實攝影的

聖經。」

「原來他這麼厲害啊！」顏妍、冉冉和大凱讚嘆說。

雖然他們三人對於攝影小精靈摩門特所說的話，不是聽得很明白，也不太清楚什麼是「決定性的瞬間」，卻覺得能有「現代新聞攝影之父」封號的布列松，應該很厲害。

大凱提出心中的疑問：「那為什麼要稱布列松為『世紀之眼』呢？是因為他的眼睛很大嗎？」

摩門特手上的魔法棒往底片造型的螢幕一揮，喀嚓一聲，螢幕上立刻顯現出一位手持相機的男子。

「這位就是名攝影師布列

松。他的眼睛的確挺大的，但是他被稱為『世紀之眼』可不是因為他的大眼睛，而是因為他的攝影技術及經典作品。」

「攝影技術?」顏妍疑惑的問:「拍照不是按下快門就好了嗎?」

摩門特搖搖頭說:「拍照是很簡單,但是要拍出讓人感動、令人深思的好照片,可不是件簡單的事喔!」

大凱問:「摩門特,你的意思是說,布列松會被稱為『世紀之眼』,是因為他拍的照片很特別?」

「沒錯!」

「那麼,他的照片好在哪裡呢?」顏妍、冉冉和大凱三人齊聲問。

摩門特笑著說:「既然你們對布列松這麼好奇,何不搭上底片

魔毯，讓我為你們詳細解說呢？」

「底片魔毯？那是什麼東西呀？」

只見攝影小精靈摩門特手上的魔法棒往牆上一點，喀嚓一聲，原本掛在牆上的底片造型螢幕立刻往下滑，像魔毯一樣飄浮在離地面 15 公分處。

顏妍、冉冉和大凱都瞪大了眼睛，驚呼：「哇──好酷喔！」

「請坐！」

顏妍、冉冉和大凱立刻坐上底片魔毯，沿著膠捲軌道，跟著攝影小精靈摩門特展開他們的探訪之旅。

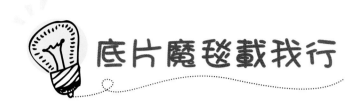

底片魔毯載我行

　　底片魔毯飛啊飛，坐在上面的顏妍、冉冉和大凱，開心的哈哈笑。

　　雖然搭乘底片魔毯飛行非常新鮮有趣，但喜歡拍照的顏妍仍忍不住說：「摩門特，現在無論是用手機或照相機來拍照，裡面裝的都是記憶卡而不是底片，你還讓我們搭乘『底片魔毯』，是不是落伍了呀？」

　　冉冉和大凱贊同的點頭說：「對啊！你應該讓我們乘坐『記憶卡魔毯』才對嘛！」

　　摩門特搖搖頭，說：「因為布

列松就是用底片拍出令人讚嘆的照片，要了解他，當然得透過『底片魔毯』啊！」

再再說：「我聽爺爺說，以前的照相機是用底片來拍照。一捲底片三十六張，拍完要再換底片才能繼續拍。有一次我爺爺出國旅遊，因為底片帶不夠，附近又買不到，因此許多漂亮的景色都沒法子拍，讓他到現在還懊悔不已。」

摩門特說：「這的確是底片相機常遇到的困擾。因為不同於數位相機或智慧型手機，馬上拍完可以馬上看，不滿意可以刪掉重拍，底片相機是要透過底片來感光、沖晒和顯影等一道道繁複的

工序，最後才能看到實體的照片，而且底片用過不可重複使用。」

大凱說：「用底片拍照這麼麻煩啊！還是智慧型手機和數位相機好，不但拍完可以馬上檢視照片拍得好不好，還可以立刻上傳網路和親友分享。」

「嗯！」顏妍和冉冉認同的點點頭。

摩門特說：「你們說得沒錯。不過，也因為這樣，使得底片相機的

使用者在按快門時，會更加慎重，不像使用數位相機或智慧型手機拍照的人那樣隨意亂按。」

顏妍、冉冉和大凱覺得摩門特說得很有道理，因為他們的確拿起相機、手機就隨意亂拍，沒有想太多。不過——

「拍照時要想什麼呀？」

顏妍提出心中的不解，同時也說出冉冉和大凱心中的疑問。

摩門特笑著說：「這的確是個好問題啊！讓我來為你們仔細解說吧！」

改變布列松志向的一張照片

摩門特讓底片魔毯停在一格膠捲軌道上，魔法棒一點，膠捲上的影像立刻投射在牆壁上。

　　大凱看得眼睛發亮，開心的說：「哇！這張照片拍得真好，讓我也想跟在他們身後一起去玩水喔！」

　　　「我們也是！」顏妍和冉冉齊聲說。

　　　摩門特笑了笑，詳細解說：「這張照片命名為〈坦噶尼喀湖的三個男孩〉，以類剪影的拍攝手法拍下三個赤身非洲男孩跑入坦噶尼喀湖的情景，令人一看到照片，就能感受到照片中動感奔躍的氛圍。」

顏妍問：「這是布列松所拍的照片嗎？」

「不是，這張是匈牙利攝影師馬丁‧穆卡西在1930年所拍攝的。」

冉冉聽了納悶的問：「咦？我們不是在討論布列松的嗎？怎麼會變成欣賞馬丁‧穆卡西的作品呢？」

「因為布列松就是看了這張照片，深受其感動和啟發，因而放棄了他從小想當畫家的志願，改當起攝影師來，並因傑出的攝影風格而享譽國際。」

大凱讚嘆的說：「一張照片改變了一個人的一生，這真是太神奇了！」

摩門特語重心長的說:「有時，一張捕捉了這世界某個決定性瞬間的照片，不只能改變一個人的一生，甚至還能改變全世界，這也是布列松提出『決定性的瞬間』的原因。」

「原來如此。」

顏妍、冉冉和大凱終於了解到什麼叫做「決定性的瞬間」，更想觀看布列松的攝影作品。

「摩門特，你能介紹幾張布列松的攝影作品給我們欣賞嗎?」

「沒問題。」

魔法棒一揮，底片魔毯沿著膠捲軌道繼續向前行。

照相機是布列松的素描簿

當底片魔毯停在一格膠捲軌道上時，膠捲上的影像立刻投射在牆壁上。

摩門特說:「喜歡畫畫的布列松，把拍攝時不會發出聲響的萊卡相機和50釐米的底片，當成是他的素描簿，隨時捕捉街頭令人眼睛一亮的場景。像這張照片是布列松在1932年於法國巴黎的聖拉查火車站後方拍攝的，因而將它命名為〈巴黎・歐洲廣場・聖拉查火車站〉，是布列松非常有名的攝影作品之一。」

沒想到大凱看了竟皺著眉頭

說：「這張照片裡的人物拍得模糊不清，哪裡好啊？」

「我們也看不出來它哪裡好耶！」顏妍和冉冉認同的說。

「你們再看仔細些，一定能看出裡頭的奇妙之處。」

他們三人再仔細的從上看到下，從左看到右。忽然，顏妍驚喜的說：「我知道了！」

冉冉和大凱詫異的瞪大眼睛望著她，齊聲問：「妳知道什麼？」

「你們看！」顏妍指著照片分享她的發現。「這個人跳過積水時，他和水中的倒影好像在跳雙人舞，剛好和後面牆上海報中的兩個舞者身影互相呼應。」

冉冉看了看，驚奇的說：「對

耶！好特別喔！」

大凱好奇的問：「這個人是布列松特別安排的嗎？」

「絕對不是！」

摩門特剛說完便轉起圈圈來，一陣喀嚓喀嚓聲後，他身上的衣服立刻變成膠捲裝。他用魔法棒點亮自己身上的膠捲，牆上立刻出現兩張照片來。

摩門特接著說：「左邊這張照片是布列松在 1946 年於法國巴黎的藝術橋，幫法國作家兼哲學家沙特所拍的；右邊這張照片則是布列松在 1947 年於法國巴黎的聖傑曼德佩區，幫法國作家西蒙波娃所拍的。因為布列松最討厭經過加工或導演過的攝影，因此就

算他在幫人拍肖像時，也是在旁靜靜觀察，在恰當的時間按下快門，這樣才能拍出他們獨特的神韻。」

顏妍、冉冉和大凱看了，發現這兩張照片呈現的感覺，的確比他們每次拍照時比 YA、裝酷、扮帥來得自然不做作。

不過，大凱還是覺得困惑。

「如果聖拉查火車站那個人真的不是布列松特別安排的，那麼布列松怎麼會那麼湊巧，拍到他跳起來的身影呢？」

「有街頭拍照經驗的人都知道，要在人來人往的街道上捕捉到有趣、有故事性的畫面是件不容易的事，更難的是，如何在等

到決定性的瞬間時按下快門，將這個畫面化成永恆。而布列松的攝影作品之所以倍受讚賞，乃在於他敏銳的觀察力，卓越的構圖能力和高超的攝影技術，才能將剪影、光影、構圖、寫實等攝影要素，在他的作品中發揮得淋漓盡致。」

顏妍、冉冉和大凱聽了，贊同的點點頭。

摩門特一說完，揮動手中的魔法棒，底片魔毯往前飛行

一小格，投射在牆上的照片立刻更換。

「這張〈伊埃雷・法國〉，是布列松在法國南端的小城伊埃雷，用由上往下拍的方式，捕捉騎自行車者快速經過的身影。」

雖然顏妍、冉冉和大凱睜大眼睛仔細觀看，卻仍看不出個所以然來，只得再次虛心求教。

「摩門特，這張照片哪裡好啊？」

「你們看到的這張和前面提到的〈巴黎・歐洲廣場・聖拉查火車站〉那張作品，它們的主角並非人物，而是人物的動作。」

「人物的動作是主角?」

「沒錯。」摩門特按了一下手中的魔法棒，魔法棒立刻發射出光束，像教鞭一樣指著牆上的照片。「你們看，在靜止清晰的場景中，騎自行車的人，他的身影模糊晃動，顯得特別醒目，而這被布列松拍下的瞬間動作，頓時成為目光的焦點，與安靜沉穩的

背景形成強烈對比，反而讓整個畫面顯得動感活潑。」

顏妍、冉冉和大凱有些明瞭的點點頭。

「摩門特，布列松這樣的拍攝手法是很特別，只是，他的照片該不會都是這種的吧？」顏妍皺著眉頭問。

「當然不是，除了晃動的動作是主角外，布列松的作品也展現了豐富的敘事想像。」

摩門特讓底片魔毯往前飛行了一小格，投射在牆上的照片再次更換。

　　摩門特再次用魔法棒射出的光束指著牆上的照片解說:「在這張〈布魯塞爾〉中，站在布幔後面的兩個男人，一個渾然忘我的偷看布幔裡的網球比賽，另一個則是邊偷窺邊小心翼翼的保持警覺。布列松捕捉到兩人瞬間的表情對比，讓這張照片充滿了趣味性與故事性。」

底片魔毯再往前飛行好幾小格後，投射在牆上的照片又變了。

「這張 1934 年所拍的〈馬德里〉，也是布列松刻意安排構圖和瞬間拍下的作品。他捕捉孩子們天真燦爛的表情當前景，與背後西裝筆挺的嚴肅成人作對比，讓整張作品更加生動。」

冉冉若有所悟的說：「布列松似乎喜歡用對比的方式來呈現。」

「妳觀察得很好。對比表現的手法有很多，如黑白、高矮、喜怒、亮暗等，你們拍照時可以嘗試看看，這樣拍出來的照片會更耐人尋味喔！」

顏妍、冉冉和大凱三人躍躍欲試，說：「我們等一下就來試試看。」

摩門特揮動魔法棒，讓底片魔毯再度往前飛行了一段路，當它停在一格膠捲軌道上時，膠捲上的影像立刻投射在牆上。

「這張〈巴黎穆孚塔路〉，是布列松於1952年所拍攝的作品。」

　　顏妍、冉冉和大凱三人看了，齊聲讚嘆說：「這個小男孩好可愛喔！」

　　摩門特點點頭，說：「幾乎所有人看到這張作品，都會被照片裡昂首闊步、笑容滿面的小男孩所吸引，並從這個畫面中，感受到一股對生命的希望與期待。」

「什麼意思啊？」雖然摩門特說得很清楚，顏妍、冉冉和大凱三人卻聽得很迷糊，因為他們只覺得照片中的小男孩很可愛。

「這張照片也是用對比手法拍的。照片後面背景人物的身影模糊晃動，與前方清晰的男孩臉龐成為極端的對比；模糊晃動的背景影射那時在第二次世界大戰之後，令人焦慮不安的動亂時代，而小男孩自信的微笑則象徵光明終將來臨。」

顏妍、冉冉和大凱三人聽了，讚嘆說：「原來照片不只是照片，還會說故事喔！」

 世界是布列松的工作室

　　底片魔毯再度飛呀飛，在前方引導的摩門特繼續說著。

　　「布列松開始認真拍照是在1930年，但他的攝影作品和攝影哲學卻強烈影響了同時期和之後的許多攝影師。」

　　「有什麼影響啊？」顏妍好奇的問，因為她也想要好好學學。

　　「這就要先從布列松的成長背景說起。雖然布列松家境富裕，但身為長子的他從小就喜歡繪畫，對繼承父親的事業沒有興趣。經過無數次的溝通和衝突之後，他的父親只好妥協，提供他

生活費，只要求他以後無論做什麼事都要做好。」

「這麼好！那麼布列松一定趕快跑去學攝影囉?」大凱說。

冉冉搶著回答:「剛剛摩門特說布列松就是看了馬丁・穆卡西所拍的照片才改變志向的，那麼之前布列松應該是學繪畫吧!」

「沒錯。因為布列松從小就學繪畫，所以繪畫上的幾何構圖訓練對他日後的攝影作品有很深的影響，使得許多看過布列松作品的人，都對他的構圖能力萬分佩服，進而加以效仿。」

「什麼是幾何構圖啊？」顏妍疑惑的問。

「拍照時，攝影師會思考什麼樣的景物、什麼樣的角度能呈現出他所想展現的主題。而如果在構思照片時，能以弧形、圓形、平行線、三角形、多邊形等幾何圖案作為主導，把多餘的東西裁掉，那麼照片會顯得更有趣喔！」

摩門特說完，便讓底片魔毯停下來，用魔法棒點亮身上膠捲裝中的三張，膠捲上的影像立刻投射在牆上。

「你們有沒有發現這三張照片中有什麼特別的地方?」摩門特問。

三個人目不轉睛的盯著牆上的照片許久,這時冉冉像是發現新大陸一樣,興奮的說:「我知道了!它們分別是用直線、平行線、三角形等幾何圖案來構圖!」

「答對了!」摩門特笑著說。

大凱張大眼說:「原來這些照片不是隨便拍的喔!」

顏妍也讚佩的說:「原來要拍出好照片,真的不是件簡單的事。」

「的確是不簡單。布列松從小就喜歡閱讀詩歌和畫畫,之後他成了攝影師,這兩樣更影響了

他的攝影風格。完美的構圖、詩人的敏銳,加上時代的見證,造就了布列松作品的雋永。」

冉冉疑惑的問:「因為這樣,大家才稱布列松為『世紀之眼』嗎?」

「沒錯,以攝影為職業的布列松,是美國《生活》雜誌的簽約攝影師,他在那兒工作超過了三十年,足跡遍及全世界。」

大凱羨慕的說:「布列松可以邊工作邊環遊世界,真好!」

「布列松是去工作的,可不是去玩的。因為世界就是他的工作室,就算歷經嚴酷的氣候、危險的戰爭、落後的環境、喪命的風險,他也要用耐心、毅力去克

服。」

大凱吐吐舌頭說：「原來當新聞攝影師這麼辛苦啊！」

「在那個資訊不發達、攝影器材不普及的年代，布列松和他的相機見證了20世紀許多歷史巨變和人類景觀，如西班牙內戰、古巴革命、中國國民黨和共產黨的政權交替、印度甘地被刺殺的前夕與葬禮等等。他也是冷戰時期第一個造訪蘇聯的西方攝影師，更是第一位在羅浮宮展出攝影作品的攝影師。布列松讓讀者跟隨著他的攝影作品，直抵歷史上重大事件與人物現場，因而奠定了他在攝影史上不可磨滅的地位。」

　　摩門特讓底片魔毯再度往前飛行，當它停下來時，膠捲軌道上的影像立刻投射在牆上。

　　「這張〈印度〉，是布列松於1948年所拍攝的，表達出在英國殖民統治下，印度人民渴求溫飽的景象。」

　　底片魔毯再往前飛行一小段後，牆上的影像又變了。

「而布列松的作品除了呈現大時代下人民的各種寫照外，還表達出他的社會關懷。像這張〈塞維爾‧西班牙〉，後面那個小孩要撲上去作弄腳受傷的男孩時，卻被其他的小朋友攔住了。在這幅作品中，布列松除了訴說了人間有愛外，還用在戰亂時期破掉的牆當相框，讓這件作品既有報導價值，又帶有美感及故事性。」

看到這裡，顏妍、冉冉和大

凱三人終於明白了。

顏妍說:「我懂了，儘管時局非常混亂，布列松仍不畏艱險，願意跋山涉水，只為了記錄這些歷史上的重要時刻。」

冉冉說:「正因為布列松走得夠遠，看得夠多，個性夠執著，所以他流傳在世的作品很多都很精彩呢!」

摩門特接著說:「不但如此，不同於其他攝影家可能只有幾張傳世之作，他有超過上百張照片都成為經典。」

大凱也恍然大悟:「原來這些就是布列松被稱為『世紀之眼』、『現代新聞攝影之父』的原因啊!」

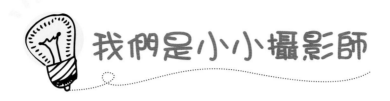
我們是小小攝影師

　　摩門特說:「曾有人說:『假如有所謂基礎攝影ABC，那麼高級攝影就等於HCB。』而HCB正是布列松名字的縮寫。」

　　「布列松好厲害喔！」顏妍、冉冉和大凱三人由衷的說。

　　「在技巧上，布列松不用閃光燈，還不對他的作品做事後的剪裁修補，因為他覺得這樣失去真實性，因此，他總在等待最完美的時空結合中出現的形象，才按下快門，成就了永恆的記憶。」

　　當底片魔毯來到出口時，摩門特說:「九十五歲的布列松雖然

在 2004 年 8 月 3 日去世，但他的工作態度、攝影風格，卻影響了許多當時和後代的攝影師。」

顏妍、冉冉和大凱步下底片魔毯後，說：「布列松也影響了我們。雖然我們現在還是攝影界的 ABC，但我們會學習他的精神，讓自己早日成為攝影界的 HCB。」

摩門特聽了點點頭，臉上露出讚許的笑容。

布列松  小檔案

HENRI CARTIER-BRESSON

1908
8 月 22 日出生於巴黎附近香特魯小鎮

1931
受馬丁・穆卡西影響，購買了一部 50mm 鏡頭的萊卡相機，全心投入攝影

1940
二次大戰時，被德軍俘虜，逃跑三次終於成功

1932
第一次在美國紐約展出攝影作品

1943
參加援救戰俘及逃亡者的祕密組織。此時期拍攝了許多藝術家和作家的肖像

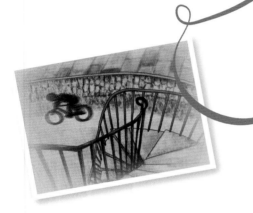

1944 — 1945
· 拍攝德軍佔領下的法國，揭露法西斯的罪行
· 拍攝巴黎解放的情景，記錄了法國人民的歡樂

1946
協助美國紐約現代藝術博物館舉辦個人「死後回顧攝影展」

1947
與羅伯特・卡帕、大衛・西蒙、喬治・羅傑創立了馬格蘭攝影通訊社

1948
經歷甘地被暗殺事件和甘地的葬禮

1954
成為首位在史達林去世後獲准進入蘇聯的西方攝影師

1952
第一本攝影著作《決定性瞬間》出版

1955
成為首位在羅浮宮舉辦攝影展的藝術家

寫書的人

陳佩萱

　　陳佩萱，兒童文學研究所畢業。曾獲牧笛獎、臺中文學獎、鍾肇政文學獎、柔蘭文學獎、文建會兒歌一百、臺灣省兒童文學獎及其他大大小小獎項。

　　雖然是教師，卻喜歡看故事、說故事、寫故事，更喜歡寫出讓讀者讚賞的好故事。著有《畢卡索》、《希區考克》、《天文巨星：張衡》、《本草藥王：李時珍》、《鐵路巨擘：詹天佑》等書。

畫畫的人

放藝術工作室（FUN art studio）

　　藏身於新竹縣竹北市的一棟老公寓裡，老舊的外觀讓人卻步，但來到二樓的「放」，就會不想走了。像回到家，可以「放」輕鬆的玩藝術，在創作中 have FUN。主要的服務項目為藝術教育、平面插畫設計、皮革手作。

網址：www.facebook.com/funartstudio

1958 — 1960
訪問中國及古巴，進行攝影報導

1970
在法國巴黎大皇宮展出攝影作品。後逐漸退出攝影行業改投入繪畫

2004
8 月 3 日在家鄉逝世，享年 95 歲

創意 MAKER  創意驚奇雲

飛越地平線，
在雲的另一端，

創意 × 無限

撥開朵朵白雲，你會看見一道亮光……

 是 **創意 MAKER** 的燈泡**亮**了！

跟著它們一起，向著光飛翔，由它們指引你未來的方向：

（請依直覺選擇最具創意的顏色）

選 的你

請跟著畢卡索、艾雪、安迪·沃荷、手塚治虫、鄧肯、凱迪克、布列松、達利、胡迪尼，在各種藝術領域上大展創意。

選 的你

請跟著盛田昭夫、7-Eleven 創辦家族、大衛·奧格威，動動你的頭腦，想像引領創新企業的挑戰。

選 ⬜ 的你

請跟著高第、樂高父子、喬治·伊士曼、史蒂文生、李維·史特勞斯，體驗創意新設計的樂趣。

選 ⬜ 的你

請跟著麥克沃特兄弟、格林兄弟、法布爾，將創思奇想記錄下來，寫出你創意滿滿的故事。

本系列特色：

1. 精選東西方人物，一網打盡全球創意 MAKER。
2. 國內外得獎作者、繪者大集合，聯手打造創意故事。
3. 驚奇的情節，精美的插圖，加上高質感印刷，保證物超所值！

還有！還有！

內附注音，小朋友也能「自·己·讀」！
創意 MAKER 是小朋友的必備創意讀物，
培養孩子創意的最佳選擇！